지은이 마르코 트레비잔

1984년 이탈리아 북동부 지역의 벨루노에서 태어난 마르코 트리비잔은 어린 시절부터 쓸모없는 물건들에 관심이 많았습니다. 길가에 버려진 나뭇가지, 녹슨 나사, 낡고 부서진 시계에 흥미를 느끼고 이것들로 기괴한 물체를 만들며 시간을 보내곤 했답니다. 쓸데없는 것으로 새로운 것을 만드는 그의 취미는 대학교 전공 선택에도 영향을 주어 그는 수학과에 진학하게 되었습니다. 또한 미술도 좋아해서 대학 시절에는 일러스트레이션 과목도 수강했습니다.
현재 마르코 트레비잔은 수학 그림책 작가로 활동하며 서로 정반대로 보이는 '수학'과 '미술'이라는 두 세계를 연결하는 일에 몰두하고 있습니다.

신기한 숫자나무

초판 1쇄 발행 2024년 7월 15일

지은이 마르코 트레비잔 | 감수 발렌티나 메이

발행인 강미선 | 발행처 사각파이 | 제조국 대한민국
출판등록 2017년 3월 16일(제2017-000034호)
주소 서울시 영등포구 문래북로 116 트리플렉스 B211호
전화 02-2677-0712 | 팩스 050-4133-7255 | 전자우편 upmmt@naver.com | 사용연령 4세 이상
ISBN 979-11-983405-2-8 77410

Original title: Numeri nel bosco
Text and illustrations copyright ©2023 Marco Trevisan
Copyright ©2023 Kite Edizioni
www.kitedizioni.it
All rights reserved
Korean translation copyright @ 2024 Howmath & CompanyKorean translation rights arranged with Kite Edizioni through Orange Agency

이 책의 한국어판 저작권은 Orangy Agency를 통해 Kite Edizioni와 독점 계약한 사각파이에 있습니다.
저작권법에 의하여 한국 내에서 보호를 받는 저작물이므로 무단 전재와 복제를 금합니다.

- 잘못 만들어진 책은 구입하신 서점에서 교환해 드립니다.
- KC마크는 이 제품이 공통안전기준에 적합했음을 의미합니다. 책 모서리에 다치지 않게 주의하세요.
- 사각파이는 하우매쓰앤컴퍼니의 임프린트입니다.

신기한 숫자나무

마르코 트레비잔 지음

5

7

13

19

《신기한 숫자나무》 해설

정유숙 데카르트 수학책방 공동대표

숫자나무를 둘러싼 숲속 친구들과
즐거운 하루를 보내면서
수에 대한 감수성이 풍부한 아이로 자라납니다.

그림책 해설

수에 담긴 뜻

이 책에 나오는 수는 시각도 나타내고, 나뭇가지의 개수와 숲속 친구들의 수도 나타냅니다.

수 개념에는 순서를 나타내는 서수 개념과 양을 나타내는 기수 개념이 있습니다.

시각을 나타내는 수에는 서수 개념이 들어 있고, 나뭇가지의 개수를 나타내는 수에는 기수 개념이 들어 있습니다.

이 책은 시간과 나뭇가지 개수를 통해 한 장면에 수의 두 가지 개념을 모두 담고 있습니다.

새벽 5시입니다.
숲속 친구를 모두 찾아보세요.

아침 8시입니다.
숲속 친구 8명은 무엇을 하고 있나요?

21시는 저녁 9시입니다.
여러분은 이 때 무엇을 하고 있나요?

🟡 색깔에 담긴 뜻

이 책에는 수마다 색깔이 있습니다. 2를 나타내는 색과 3을 나타내는 색을 같이 칠하면 6을 나타내는 색이 됩니다. 수를 색으로 표현하는 것을 보며 수에 대한 감성을 키울 수 있습니다. 나뭇가지 색깔, 요정의 고깔모자, 생쥐 꼬리, 고양이 수염, 닭의 깃털 색깔을 서로 비교해 보는 재미도 있어요.

모양에 담긴 뜻

나무 기둥은 1을 뜻하고, 나무 기둥에서 나뭇가지가 벌어지는 모양은 곱셈을 뜻합니다.

색의 변화에 담긴 뜻

같은 수를 계속 곱하는 것을 나뭇가지의 색이 점점 색이 진해지는 것으로 표현했습니다. 색의 변화를 보며 수학에서 거듭제곱은 미술에서 계속 덧칠하는 것과 같다는 것을 느낌으로 알 수 있습니다.

🌼 나무 개수에 담긴 뜻

자연수에는 소수와 합성수가 있습니다. 나뭇가지 개수가 소수일 때는 나무가 한 그루만 나옵니다. 나뭇가지 개수가 합성수일 때는 여러 그루의 나무가 나옵니다. 나무가 한 그루인지, 여러 그루인지를 비교하면서 자연스럽게 소수와 합성수를 구별할 수 있습니다.

나뭇가지의 개수가 10개인 나무가 3그루인 이유는 10을 자연수의 곱셈으로 나타내는 방법이 3가지이기 때문입니다.
1 X 10, 1 X 2 X 5, 1 X 5 X 2

나뭇가지의 개수가 11개인 나무가 1그루뿐인 이유는 11을 자연수의 곱셈으로 나타내는 방법이 1가지뿐이기 때문입니다.
1 X 11

약수가 2개인 수를 소수(prime number) 라고 합니다.
소수를 나타내는 나무는 기둥에서 한꺼번에 가지가 뻗어나가고, 나무가 1그루씩밖에 없습니다.

본문 해설·그림책 대화

해설　이 책의 이야기는 표지에서부터 시작합니다.
흰색의 앞표지가 상징하는 것은 '숲속의 낮과 요정들',
검은색의 뒤표지가 상징하는 것은 '숲속의 밤과 요정들'입니다.
표지를 통해 앞으로 하루 동안 숲속에서 일어나는 요정들의
이야기가 펼쳐지리라는 것을 예상할 수 있습니다.

아이랑 대화하기　앞표지를 보여주며 "숲속에 나무와 요정들이 있어.
지금은 낮일까 밤일까?" 물어 본 다음, 뒤표지를 보여 주세요.

해설　요정들이 모두 잠든 한밤중입니다.

아이랑 대화하기　까만 나무들 사이에 눈을 동그랗게 뜨고 밤을 지키는
누군가가 있어. 얘는 누굴까?

앞으로 펼쳐지는 장면은 0시부터 23시까지 하루 동안 숲속에서 일어나는
숲속 친구들의 이야기입니다. 아이가 자신의 하루를 떠올리며 이야기를 만들 수 있도록
지도해 주세요. 읽을 때마다 질문을 하나씩 바꿔서 하세요.

0

해설　새벽 0시. 비어 있는 작은 구멍은 0을 뜻합니다.

아이랑 대화하기　지금은 한밤중이야. 갑자기 구멍이 나타났어.
구멍 속에 아무 것도 없네.
그래서 0이구나.

1

해설　1시. 나무 기둥 1개와 숲속 친구도 1명입니다.

아이랑 대화하기　지금은 새벽 1시. 아직도 깜깜한 밤이야. 그런데 구멍에서 누군가 나오고 있어.
(생쥐를 가리키며) 얘는 누굴까?

2

해설　2시. 나무 기둥에 나뭇가지 2개가 달려 있고, 숲속 친구도 2명입니다.

아이랑 대화하기　지금은 새벽 2시야. 나무와 나뭇가지 수를 세어 보자. 생쥐는 두 마리가 되었어.
생쥐 꼬리는 무슨 색일까?

해설	3시. 나뭇가지 3개가 있고, 숲속 친구도 3명입니다.
아이랑 대화하기	지금은 새벽 3시야. 나무와 나뭇가지 수를 세어 보자. 생쥐 꼬리는 무슨 색일까? (숫자마다 색이 정해져 있다는 것을 알아챌 수 있습니다.)

해설	4시. 나뭇가지 4개가 있고, 숲속 친구도 4명입니다.
아이랑 대화하기	지금은 새벽 4시야. 아직도 깜깜해. 나무와 나뭇가지 수, 숲속 친구를 세어 보자. 그런데 생쥐들이 다 도망가네. 무슨 일일까? 나무가 왜 두 그루일까?

해설	5시. 나뭇가지 5개가 있고, 숲속 친구도 5명입니다.
아이랑 대화하기	지금은 새벽 5시야. 나무와 나뭇가지 수를 세어 보자. 손가락을 쫙 펴서 나뭇가지에 대어 보렴. 나무가 왜 한 그루뿐일까? 숲속 친구들을 잘 봐 봐. 지금 다들 무엇을 하는 걸까?

해설	6시. 나뭇가지 6개가 있고, 숲속 친구도 6명입니다.
아이랑 대화하기	지금은 새벽 6시야. 나무와 나뭇가지 수를 세어 보자. 드디어 아침이 되었어. 나무가 왜 세 그루일까? 닭은 지금 무엇을 하고 있는 걸까?

해설	7시. 나뭇가지 7개가 있고, 숲속 친구들도 7명입니다.
아이랑 대화하기	지금은 아침 7시야. 나무와 나뭇가지 수를 세어 보자. 나무가 왜 한 그루뿐일까? 너는 아침 7시에 무엇을 하니?

해설	8시. 나뭇가지 8개가 있고, 숲속 친구도 8명입니다.
아이랑 대화하기	8시가 되었어. 나무와 나뭇가지 수를 세어 보자. 나무가 왜 네 그루나 될까? 왜 어떤 나뭇가지는 연한 색이고 어떤 나뭇가지는 진한 색일까?

해설 9시. 나뭇가지 9개가 있고, 숲속 친구도 9명입니다.

아이랑 대화하기 9시가 되었어. 나무와 나뭇가지 수를 세어 보자. 나무가 왜 두 그루일까?
너는 아침 9시에 무엇을 하니? 숲속 친구들이 지금 무엇을 하고 있는 걸까?

해설 10시. 나뭇가지 10개가 있고, 숲속 친구들도 10명입니다.

아이랑 대화하기 10시가 되었어. 너는 아침 10시에 무엇을 하니? 나무와 나뭇가지 수를 세어 보자.
나뭇가지가 한꺼번에 10개가 있는 나무는 왜 주황색일까?

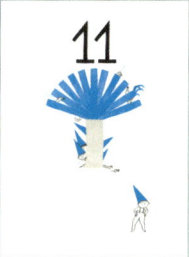

해설 11시. 나뭇가지 11개가 있고, 숲속 친구도 11명입니다.

아이랑 대화하기 11시가 되었어. 숲속 친구들을 세어 보자. 나무가 왜 한 그루뿐일까?
숲속 친구들이 숨바꼭질을 하고 있네. 숨어 있는 친구들을 다 찾아볼래?

해설 12시. 나뭇가지 12개가 있고, 숲속 친구도 12명입니다.

아이랑 대화하기 12시가 되었어. 나무와 나뭇가지, 숲속 친구들을 세어 보자.
생쥐들은 지금 무엇을 하고 있니?

해설 13시. 나뭇가지 13개가 있고, 숲속 친구도 13명입니다.

아이랑 대화하기 13시가 되었어. 13시는 오후 1시야. 나무와 나뭇가지, 숲속 친구들을 세어 보자.
나무가 왜 한 그루뿐일까? 숲속 친구들은 점심을 다 먹었나 봐.
그런데 저 상자 안에는 누가 있는 거지?

해설 14시. 나뭇가지 14개가 있고, 숲속 친구도 14명입니다.

아이랑 대화하기 14시가 되었어. 14시는 오후 2시야. 나무와 나뭇가지, 숲속 친구들을 세어 보자.
상자에서 꺼낸 물건들을 찾아보자.

해설 15시. 나뭇가지 15개가 있고, 숲속 친구도 15명입니다.

아이랑 대화하기 15시가 되었어. 15시는 오후 3시야. 나무와 나뭇가지, 숲속 친구들을 세어 보자.
요정 수에서 생쥐 수를 빼면 얼마일까?

해설 16시. 나뭇가지 16개가 있고, 숲속 친구도 16명입니다.

아이랑 대화하기 16시가 되었어. 16시는 오후 4시야. 나무와 나뭇가지, 숲속 친구들을 세어 보자.
나무가 여덟 그루나 있네. 나뭇가지가 몇 개씩 있는지 한번 세어 볼까?
나뭇가지가 제일 많은 나무를 찾아보자.

해설 17시. 나뭇가지 17개가 있고, 숲속 친구도 17명입니다.

아이랑 대화하기 17시가 되었어. 17시는 오후 5시야. 나무와 나뭇가지, 숲속 친구들을 세어 보자.
나무가 왜 한 그루뿐일까?
토라진 요정들을 화해시켜 주려면 어떻게 해야할까?

해설 18시. 나뭇가지 18개가 있고, 숲속 친구도 18명입니다.

아이랑 대화하기 18시가 되었어. 18시는 저녁 6시야. 나무와 나뭇가지, 숲속 친구들을 세어 보자.
숲속 친구들이 무엇을 하고 있는 걸까?
악기는 몇 가지나 될까?
고양이는 왜 저러고 있는 거야?

해설 19시. 나뭇가지 19개가 있고, 숲속 친구도 19명입니다.

아이랑 대화하기 19시가 되었어. 19시는 저녁 7시야. 나무와 나뭇가지, 숲속 친구들을 세어 보자.
나무가 왜 한 그루뿐일까?
작은 8분음표는 어디서 나는 소리일까?

해설 20시. 나뭇가지 20개가 있고, 숲속 친구도 20명입니다.

아이랑 대화하기 20시가 되었어. 20시는 저녁 8시야. 나무와 나뭇가지, 숲속 친구들을 세어 보자.
고양이를 부르는 요정을 찾아보자.

해설 21시. 나뭇가지 21개가 있고, 숲속 친구도 21명입니다.

아이랑 대화하기 21시가 되었어. 21시는 밤 9시야. 나무와 나뭇가지, 숲속 친구들을 세어 보자. 텐트를 만드는 요정들을 봐 봐. 잠자리에 들기 전에 너는 무엇을 하니?

해설 22시. 나뭇가지 22개가 있고, 숲속 친구도 22명입니다.

아이랑 대화하기 22시가 되었어. 22시는 밤 10시야. 나무와 나뭇가지, 숲속 친구들을 세어 보자. 숲속 친구들이 모두 잠자리에 들었나? 혹시 빠진 친구들이 있는지 세어 보자.

해설 23시. 나뭇가지 23개가 있고, 숲속 친구도 23명입니다.

아이랑 대화하기 23시가 되었어. 23시는 밤 11시야. 나무와 나뭇가지, 숲속 친구들을 세어 보자. 나무가 왜 한 그루뿐일까? 모두 잠든 밤, 숲속의 밤을 지키는 누군가가 있어. 누구지?

해설 색깔과 숫자를 짝지어서 이 책에 숨어 있는 색깔의 뜻을 설명해 놓았습니다. 칠판에는 나뭇가지가 곱셈을 뜻한다는 설명이 써 있습니다.

아이랑 대화하기 칠판에 써 있는 그림이 무슨 뜻인지 설명해 주겠니? 맨 앞장으로 돌아가서 나뭇가지가 뻗어가는 모양을 곱셈으로 나타내 볼까? 그리고 나만의 숲속 숫자 나무를 그려보자!